BEI GRIN MACHT SICH IHR WISSEN BEZAHLT

AF145225

- Wir veröffentlichen Ihre Hausarbeit, Bachelor- und Masterarbeit

- Ihr eigenes eBook und Buch - weltweit in allen wichtigen Shops

- Verdienen Sie an jedem Verkauf

Jetzt bei www.GRIN.com hochladen und kostenlos publizieren

Bibliografische Information der Deutschen Nationalbibliothek:

Die Deutsche Bibliothek verzeichnet diese Publikation in der Deutschen National-
bibliografie; detaillierte bibliografische Daten sind im Internet über http://dnb.d-
nb.de/ abrufbar.

Impressum:

Copyright © 1993 GRIN Verlag, Open Publishing GmbH
Druck und Bindung: Books on Demand GmbH, Norderstedt Germany
ISBN: 978-3-668-01448-0

Dieses Buch bei GRIN:

http://www.grin.com/de/e-book/301723/gemeindebild-des-apostels-paulus-im-1-
korintherbrief-und-bedeutungen-fuer

Klaus Emmerich

Gemeindebild des Apostels Paulus im 1. Korintherbrief und Bedeutungen für die christliche Gemeinde von heute

GRIN Verlag

Theologie im Fernkurs

Hausarbeit zum Aufbaukurs

Charakterisieren Sie das Gemeindebild des Apostels Paulus, wie es sich im 1. Korintherbrief darstellt. Welche Bedeutung können seine Aussagen für die christliche Gemeinde heute haben?

Erstellung:	Klaus Emmerich
Themenausgabe:	Oktober 1993
Abgabe der Arbeit:	November 1993

Inhaltsverzeichnis

1. Einleitung: Christliche Gemeinde heute, zwischen Anfechtung und Aufbruch

Die heutige Zeit ist gekennzeichnet durch Wachstum, ständigen Fortschritt und - zumindest in weiten Teilen Europas - eine demokratische Staatsordnung. Meinungsfreiheit und ein nahezu grenzenloses Angebot an Sinnwelten ermöglichen dem Menschen ein hohes Maß an Selbstgestaltung.

Eine ehemals einheitliche christliche Kultur ist der Konkurrenz unterschiedlicher Weltanschauungen und Religionen gewichen (1). Die Folge dieses Wertewandels bekommt die Kirche immer deutlicher zu verspüren: Kirchenaustritte, sinkende Teilnahme am sonntäglichen Gottesdienst, Priestermangel und Resignation kennzeichnen vielfach die Situation katholischer Gemeinden (vgl. LBG 1, S. 36, LBA 19, S. 7 f.).

Verglichen mit der Aufbruchsstimmung der ersten nachösterlichen Gemeinden zur Zeit des Paulus, scheint den heutigen Gemeinden die notwendige Ausstrahlungskraft zu fehlen.

Immer drängender stellen sich die Fragen:
- Werden christliche Gemeinden den Anforderungen der heutigen Zeit noch gerecht?
- Ist ein erneuter Aufbruch christlicher Gemeinden denkbar?
- Könnten sich neuzeitliche Gemeinden etwa am Erscheinungsbild der christlichen Urgemeinden orientieren?
- Welche Bedeutung kann das Gemeindebild des Apostels Paulus für eine christliche Gemeinde in der heutigen Zeit haben?
-

Die nachfolgende Arbeit versucht, diese Fragen in enger Anlehnung an den 1. Korintherbrief des Apostels Paulus zu klären.

2. Begriffsklärung

2.1 Gemeindebegriff des Paulus

Während eines Aufenthaltes um 52 n. Chr. in Ephesus schrieb Paulus einen offiziellen Brief an die korinthische Gemeinde. Anlass waren **konkrete Anfragen der Gemeinde an Paulus** (vgl. LBG 6, S. 21, LBA 12, S. 55, z.B. 1 Kor. 7, 1-40; 8, 1-13). Die Antwort des Paulus ergeht "... an die Kirche Gottes, die in Korinth ist" (1. Kor. 1, 2). Insofern spricht Paulus die unmittelbar örtlich ansässige Gemeinde an.

2.2 Terrritorialgemeinde als ein heute gültiger Gemeindebegriff

In der heutigen Zeit werden unterschiedliche Gemeindebegriffe verwendet. Um eine Übertragbarkeit des paulinischen Gemeindebegriffes zu gewährleisten, sei

als neuzeitlicher Gemeindebegriff die "Territorialgemeinde" ausgewählt. Sie ist die heute in jeder Region Deutschlands anzutreffende Pfarrgemeinde (2). Merkmale der Territorialgemeinde sind:

- Teilkirche der Diözese
- Klare räumliche, d.h. territoriale Abgrenzung
- Leitung durch einen Pfarrer.

3. Gemeindebild, des Apostel Paulus: Orientierung für die heutige Zeit?

3.1 Gemeinde auf dem Weg von Schuld zu Reinheit

3.1.1 Spannungen, Sünde und Anfragen an Paulus als Anlass des Korintherbriefes

Anfragen z.B. über die Ehe (vgl. 1 Kor. 7, 1-40) und über die Auferstehung der Toten (vgl. 1. Kor. 15, 1-58) lösten den 1. Korintherbrief des Paulus aus. Besonders berührten ihn jedoch Berichte über Sünde und Verfehlungen in der korinthischen Gemeinde (vgl. LBG 16, S. 34, LBA 12, S. 56 ff.). Im Einzelnen erwähnt Paulus:

- Spaltungen (vgl. 1 Kor. 1, 10-13; 11, 18)
- Unzucht und Umgang mit Dirnen (vgl. 1 Kor. 5, 1; 6, 12)
- Rechtsstreit unter sozial ungleichen Christen (vgl. 1. Kor. 6, 1-11)
- Ehebruch (vgl. 1. Kor. 7, 1-12)
- Umgang mit Götzenfleisch (vgl. 1. Kor 10, 14-22)
- Unverständliche ekstatische Zungenrede zur persönlichen Selbstdarstellung (vgl. 1. Kor. 14, 1-6).

Dabei ist sich Paulus bewusst, dass die Sünde niemals enden wird. "Und das Niedrige und Verachtete hat Gott erwählt .damit kein Mensch sich rühmen kann vor Gott." (1. Kor. 1, 29-30). Darin liegt die Hoffnung, dass jeder Christ auch in Sünde von Gott angenommen ist.

Nach Paulus kommt es jedoch darauf an, dass Sünde und Unrecht offen bekannt werden (vgl. 1 Kor. 5, 9-13). Streit ist zu schlichten (vgl. 1 Kor. 6, 7), d.h. Menschen sollen einander verzeihen.

3.1.2 Schuldverständnis der neuzeitlichen Gemeinde (3)

Auch heute geschieht Schuld in der christlichen Gemeinde. Die neuzeitlichen Spaltungen sind: Streit und Zerwürfnisse zwischen Jugend und älteren Generationen, zwischen Progressiven und Konservativen, zwischen amtlich autoritärer Entscheidung und mitbestimmungswilligen Basisgemeinden. Die heutige Unzucht geschieht durch unbeschränkten, auf reine Lustbefriedigung bedachten Geschlechtsverkehr. Für heutigen Ehebruch stehen die ständig ansteigenden Ehescheidungen, für heutige "wortgewaltige Zungenrede" die Sucht nach persönlicher Selbstdarstellung und Profilierung, für heutige Rechtsstreitigkeiten die vielen Gerichte unserer Gesellschaft, die auch entsprechend in Anspruch genommen werden.

Das heutige Götzenfleisch sind Konsum, Freizeit, Aufstieg und Machtstreben, sofern sie als Mittel für das Erlangen des eigenen Heils angesehen werden. Jede Schuld befleckt die Gemeinde als Ganzes. An Paulus jedoch können wir lernen: Wenn die Gemeinde selber die Sünde beim Namen nennt, wenn sie offen ihre Fehler bekennt und nach Wegen der Umkehr sucht, dann wird sie Suchenden und Kritikern gegenüber wieder vertrauenswürdiger. Dann wird auch das Bemühen um eine bessere, gottgewollte Welt glaubhafter (vgl. 1 Kor. 5, 9-12).

Formen des öffentlichen und privaten Schuldbekenntnisses sind in der heutigen Zeit beispielsweise: Eingeständnis in der Öffentlichkeit, Bußgottesdienst, Bibelkreis, Gesprächskreis, Frühschicht mit entsprechender Themenstellung, Kreuzweg, Nachtwache in der Karwoche, Beichte und persönliches Beichtgespräch (4).

3.2   Idealbild der Gemeinde

3.2.1   Christliche Gemeinde, zentral auf Christus ausgerichtet

3.2.1.1   Der paulinische Begriff Ekklesia: Leib Christi und Tempel Gottes

Paulus redet die Gemeinde von Korinth an als:

- *"Kirche Gottes, die in Korinth ist"* (1 Kor. 1, 2 = Ekklesia)
- *"Tempel Gottes"* (1 Kor. 3, 16-17, vgl. LBG 7, S. 20) (5)
- *"Geheiligte in Christus"* (1 Kor. 1,2, vgl. auch 1 Kor. 3, 17)
- *"Leib Christi"*, von dem jeder Einzelne ein Glied ist (1 Kor. 12, 27, vgl. auch 1 Kor. 10, 16-18).

Mit der *"Kirche Gottes"* (1 Kor. 1, 2) wird die Doppeldeutigkeit des paulinischen Gemeindebegriffes deutlich: Die Gemeinde in Korinth ist zugleich örtlich ansässige Gemeinde und Teil der weltumspannenden Christenheit, der "Kirche Gottes" (1. Kor. 1, 2). **Christus ist das Haupt der Kirche.** (vgl. Kol. 1, 18, Eph. 1, 22)
Jedes Mitglied der Gemeinde ist auf Christus getauft und trägt Christi Gewand (vgl. Gal 3, 27). Dem Christen verdeutlicht Paulus eine geradezu phantastisch Dimension: Sein Wirken ist nicht bedeutungslos. **Alles, was der Christ lebt und wirkt, hat zugleich Bedeutung für die örtliche Gemeinde, für die Weltkirche und vor Gott.** Deshalb ist er als Glied des Leibes Christi zu verantwortbarem Handeln aufgerufen, zur Mitarbeit am Ackerbau, am Bau Gottes (vgl. 1. Kor. 3, 9-11, LBG 16, S. 30 ff., LBA 12, S. 61 ff.)

3.2.1.2 Communio als Charakter der neuzeitlichen Gemeinde (6)

Neuzeitlich könnte der paulinische Begriff **"Ekklesia"** am besten mit **"Communio"** übersetzt werden. Mehrere Aspekte dieses Begriffes sind auch heute noch von der zentralen Bedeutung:

Auch die neuzeitliche christliche Gemeinde ist und bleibt Kirche Gottes. Solange sie ihre Berufung zuversichtlich und mit Freude ausstrahlen kann, wird sie auch suchende und zweifelnde Menschen anziehen.

Auch neuzeitliche Christen sind der Gemeinde, der Weltkirche und Gott gegenüber verantwortet. Werden wir uns bewusst, dass sich in jeder Gemeinde *"Kirche Gottes"* (1 Kor. 1, 2) ereignet, dann kann diese Sicht neue Kraft geben. In der partnerschaftlichen Einbeziehung aller Christen in die Gemeinde, im gemeinschaftlichen gesellschaftlichen Engagement und im gemeinschaftlichen Gottesdienst erfährt sich das **Gemeindemitglied als vollwertiger Mitgestalter der Gemeinde und der Weltkirche**. Es erfährt sich zugleich als Schwester und Bruder angenommen. Diese Sicht schafft Hoffnung und Trost, trotz aller Anfechtung und Anzweiflung.

Alles Handeln der Gemeinde ist auf Christus als "Haupt der Kirche" ausgerichtet. (vgl. Kol. 1, 18, Eph. 1, 22) Es muss sich auch an den Maßstäben Jesu orientieren. Nur solange sich alles Beten und Wirken der Gemeinde in Christus begründen lässt, bleibt es glaubwürdig. (7) Es wird gleichsam zur Strahlkraft, an der sich Menschen auf der Suche nach dem Lebenssinn aufrichten können (vgl. 1 Kor. 12, 12-27)

3.2.2 Christliche Gemeinde unter der Zusage des heiligen Geistes

3.2.2.1 Die paulinische Sicht: Ein Leib, viele Glieder; ein Geist, viele Gnadengaben (8)

Jeder Christ ist, unabhängig von seine Herkunft, durch die Taufe ein unverzichtbares Glied des Leibes Christi geworden (vgl. 1 Kor. 12, 12-14, Gal. 3, 27). "... Juden und Griechen, Sklaven und Freie, ... alle wurden wir mit einem Geist getränkt." (1 Kor. 12, 13).

Aus dieser Feststellung resultieren nach Paulus folgende Aussagen:
- Es gibt verschiedene Charismen (= Gnadengaben), aber nur einen Herrn, einen Geist und einen Leib. (vgl. 1 Kor. 12, 4-6, 20)

- Jeder Christ ist entsprechend seiner Begabung als Glied des Leibes Christi zum Dienst an der Gemeinde aufgerufen. (vgl. 1 Kor. 3, 5-10; 12, 7-11; 12, 28-30)
- Kein Dienst an der Gemeinde ist geringer oder höher einzuschätzen als ein anderer. **Deshalb ist jedes Glied gleichberechtigt.** (vgl. 1 Kor. 7, 17-24; 12, 13)
- Jedes Gemeindemitglied hat seine ganz besonderen Charismen (Gnadengaben), deren Einsatz durch Ermutigung und Annahme zu fördern ist. (vgl. 1 Kor. 2, 1-16; 9, 1-23) (9)
- Die Gemeinde ist umgekehrt auf den Dienst jedes Gliedes angewiesen (vgl. 1 Kor. 12, 14-27), und deshalb zur Einheit in Christus aufgerufen (vgl. 1 Kor. 1, 11-27; 6, 1-11; 9, 1-18) (10)

In einem dramatischen Appell fasst Paulus zusammen: **Über allem aber steht die Liebe.** Sie entspringt dem Geist Gottes und hält - sofern sie gelebt wird - alle Glieder der Gemeinde zusammen (vgl. 1 Kor. 13, 1-13, Gal. 5, 13-14).

3.2.2.2 Koinonia als neuzeitliche Sicht der "Vielfalt in Einheit" (11)

Paulus mahnt in seinem Korintherbrief zur Einheit. (vgl. 1 Kor. 1, 10-12) Mit der Bemerkung *"Gott aber hat den Leib so zusammengefügt, dass er dem Geringsten mehr Ehre zukommen ließ, damit im Leib kein Zwiespalt entstehe."*, treibt er die Bedeutung jedes Einzelnen in der Gemeinde bewusst auf die Spitze. *"Wenn darum ein Glied leidet, leiden alle Glieder mit."* (1 Kor. 12, 24; 12, 26) Diese Aussage ist bereits die Richtschnur für gemeinschaftliches Handeln. Im Einzelnen bedeutet das:
- Kein Gemeindemitglied darf an den Rand gedrängt werden.
- Kein Gemeindemitglied darf alleingelassen werden, wenn es leidet.
- Kein Engagement und keine Begabung eines Gemeindemitgliedes darf z.B. wegen Richtungs- und Kompetenzstreitigkeiten beschnitten werden, wenn nicht kirchenrechtliche oder sachliche Gründe gegen diesen Dienst sprechen (z.B. amtsgebundene Sakramentenspendung).

Wer sind nun die an den Rand Gedrängten, die unserer besonderen und bewussten Hereinnahme in die Gemeinde bedürfen? -> Arbeitslose, Obdachlose, Ausländer, Andersdenkende, Gemiedene, Alleinstehende, Jugendliche, Behinderte, nach dem Lebenssinn Suchende, konfessionsverschiedene Ehepaare, ...

Wer sind heute die Leidenden, die auf unsere Mithilfe und unseren Trost warten?

-> Arbeitslose, Arme, Alte, Kranke, Sterbende, Behinderte, ...

Wer sind die begabten Christen, deren Dienste zu fördern sind? -> Laien und Priester; Progressive und Konservative; Junge und Alte, handwerklich und geistig Begabte; Gesprächige und Schweigende, ...

Um den Gläubigen unterschiedlichen Charakters und unterschiedlicher Begabung gerecht zu werden, sollten überschaubare Gruppen gebildet werden, die ihnen eine Heimat bieten. Besonders wichtig ist dort das Eingehen auf die Persönlichkeiten und Fragestellungen dieser Interessengruppe Ebenso ist das gemeinsame Wirken nach dem Vorbild der altkirchlichen Basisgemeinden von Bedeutung. (12) Dabei bedürfen auch die scheinbar Schwächsten eines Dienstes, um nicht als reine Hilfsempfänger gedemütigt sondern als gleichberechtigte Partner anerkannt zu werden.

3.2.2.3 Martyria als neuzeitlicher Verkündigungsauftrag der Gemeinde (13)

Jeder Christ hat Anteil an der Verkündigung des Evangeliums (= Martyria). Während die Predigt im Rahmen einer Eucharistiefeier dem Priester oder dem Diakon der Gemeinde vorbehalten ist, stehen den Gemeindemitgliedern - je nach Begabung - unterschiedliche Möglichkeiten der Verkündigung zur Verfügung. Diese, nachfolgend aufgezählt, gilt es zu entfalten und zu fördern:

- die Glaubenserziehung der Kinder durch die Eltern, Taufpaten u.a.
- der Dienst als Gemeinde- oder Pastoralassistent
- der Religionsunterricht durch Lehrer
- die Beteiligung am Erstkommunionunterricht oder Firmunterricht
- das Vorbereiten, Durchführen oder Mitwirken an Gesprächskreisen über Glaubensfragen, Bibelkreisen oder Glaubensseminaren.

Auf diese Weise gewinnt die Gemeinde als Ganzes ein neues Selbstbewusstsein und eine entsprechende Attraktivität.

Als Kern der Verkündigung gilt nach Paulus der gekreuzigte und auferstandene Christus. Er wurde durch seine Auferstehung erhöht und sandte der Kirche den heiligen Geist. **Jeder Christ ist zur Bejahung der Auferstehung aufgerufen** - ohne dieses Bekenntnis ist der Glaube sinnlos. (14)

Die Forderung des Paulus ist einsichtig: Sicherlich hätte die Kirche nicht fortbestanden, wenn die Urgemeinde nicht in der Begegnung mit dem auferstandenen Christus eine immense

Aufbruchsstimmung erfahren hätte.

In der heutigen Zeit begegnen wir sehr freiheitsbewussten Menschen. Sie sind unsere gleichberechtigten Partner (vgl. 1. Kor. 7, 17-24) und dürfen als solche nicht unter Zwang bekehrt werden. Sie sollten stattdessen begleitet und zu einer freien persönlichen Entscheidung befähigt werden. (15) Notwendig bleibt auch der ständige Dialog mit dem Atheismus, mit anderen Religionen und auch im Rahmen ökumenischer Veranstaltungen.

3.2.2.4 Diakonia als neuzeitliches Wirken der Gemeinde in der Liebe und Fürsorge am Mitmenschen (16)

Die Verkündigung der Liebe Gottes wird nur glaubwürdig, wenn sie unter den Menschen spürbar, d.h. gelebt, wird. Deshalb ist die Gemeinde aufgerufen, alle Charismen fruchtbar werden zu lassen, die unter den Gemeindemitgliedern existieren (vgl. 1 Kor. 12, 12-31a):

- die Gastfreundschaft, mit der Menschen aller Rassen und Lebenseinstellungen in die Gemeinde aufgenommen werden
- die Solidarität mit den Ärmsten und Schwächsten der Gemeinde und auch mit den Mitbrüdern der 3. Welt
- das Engagement für Frieden und Gerechtigkeit in der Welt und insbesondere in der Umgebung
- die aktive Hilfe an den suchenden und leidenden Menschen.

Beispiele für diakonischen Aufgaben sind:

- das Begleiten der Familien bzw. Alleinerziehenden in Fragen der Glaubenserziehung ihrer Kinder, z.B. durch Gesprächskreise und Familientreffs
- die aktive Jugendarbeit, das Einbeziehen der Jugend in die Entscheidungen der Gemeinde
- die Parteinahme für die Arbeiterschaft, die Arbeitslosen, die Asylanten und die Behinderten, gemeinsame Unternehmungen und Feiern mit diesem Personenkreis
- die Sorge um die Kranken, Sterbenden, Behinderten, Alleinstehenden und Geschiedenen
- die aktive Nachbarschaftshilfe
- die Tröstung aller Suchenden, Trauernden und Verzweifelnden
- das Angebot von Beratungsdiensten und der Telefonseelsorge
- die Besuchsdienste für zugezogene, alte und kranke Menschen,
- das Ermutigen christlich erzogener junger Menschen und deren Eltern für den Weg des Priesters, Diakons und Ordensberufes

- die Anteilnahme an den Aufgaben der geistlichen Berufe, die Begleitung und menschliche Unterstützung besonders in schwierigen Zeiten der Gemeinde
- das Teilen mit den Ärmsten der Welt, z.B. durch Spendenaufrufe und Parteinahme.

Eine besondere Chance für die Diakonie in der Gemeinde stellt seit dem 2. Vat. Konzil der **Diakon im Zivilberuf** dar. Einerseits wirkt er in der Welt, als Ehemann, als Familienvater oder Arbeitnehmer. Andererseits schafft er durch seinen diakonischen Auftrag gleichsam eine Brücke zwischen weltlicher Erfahrung und christlichem Auftrag. (17) Diese Verbindung sollte der Diakon im Zivilberuf auch in der Predigt des Gottesdienstes überzeugend zum Ausdruck bringen. Glaube, Liebe, Verkündigung und Dienst am Nächsten gehören untrennbar zusammen.

Wenn Diakonie fruchtbar werden kann, wird die Gemeinde anziehend, werden die Charismen der Gläubigen wirksam eingesetzt. *"Menschen, die aus einem inneren Erfülltsein und der Ausrichtung auf ein Ziel leben, bleiben nicht unbemerkt. Sie wecken Neugierde und Fragen."* (18) Auf diese Weise wirkt diakonisches Handeln missionarisch, weil darin Christus gegenwärtig wird, der sich selber solidarisch den notleidenden Menschen zuwandte. So kann es vorkommen, dass ein Glaubensferner plötzlich sagt: *"Wenn Gott das ist, was Du tust, dann interessiert er mich."* (19)

3.2.3 Christliche Gemeinde als sakramentale Gemeinschaft

3.2.3.1 Die paulinische Gemeinde in zeichenhaften Handlungen (20)

Paulus erwähnt im 1. Korintherbrief folgende zeichenhafte Handlungen, die später Sakramente der Kirche wurden:

- die Taufe (vgl. 1 Kor. 12, 12-14)
- die Eucharistie (vgl. 1. Kor. 10, 16-17)
- die Ehe (vgl. 1 Kor. 7, 1-16)
- das Amt, dargestellt am Apostelamt und am Dienst am Altar (vgl. 1 Kor. 9,
- 2; 9, 13-14).

Am Beispiel des Herrenmahles stellt Paulus dar, dass sakramentale liturgische Handlungen nur in Würde, Eintracht und Gemeinschaft vollzogen werden dürfen (vgl. 1 Kor. 11, 17-34). Im Zusammenhang mit der Ungleichbehandlung der Ärmsten beim Herrenmahl fragt Paulus bewusst: *"Wollt ihr jene demütigen, die nichts haben?"* (1 Kor. 11, 22)

Zwei Aspekte werden deutlich:

Liturgie, Gemeinschaft und Liebe zum Nächsten können nicht voneinander getrennt werden. **Ungerechtigkeiten und Nöte der Menschen sind sogar bewusst zur Sprache zu bringen.** Ergänzend stellt Paulus fest, dass Gott den Geringsten der Gemeinde die höchste Ehre zukommen lässt (vgl. 1 Kor. 12, 24). Übertragen auf die Gemeinde folgert daraus, dass **alle Gläubigen, auch die Schwächsten, vollwertig am liturgischen Geschehen der Gemeinde teilhaben.**

3.2.3.2 Leiturgia als neuzeitlicher Vollzug der Gemeinde in Sakramenten und Gebet

(21)

Die sakramentalen Handlungen der Gemeinde werden - mit Ausnahme der Ehe - von Amtsträgern, d.h. Bischöfen, Priestern und Diakonen, vollzogen. In ihnen kommen Gebet und Hingabe der Gemeinde besonders zum Ausdruck. (22)

Es sind jedoch auch zahlreiche Laiendienste, d.h. Charismen, vorgesehen, die innerhalb des sonntäglichen Gottesdienstes, der Tauffeier und der Traufeier ausgeschöpft werden sollten. Namentlich zu nennen sind z.b.: Liturgischer Arbeitskreis, Meßner, Ministrant, Kantor, Organist, Kirchenchor, Sänger, Lektor, Kommunionhelfer. (vgl. hierzu 1 Kor. 12, 28-32a). Wenn unterschiedliche Persönlichkeiten den Gottesdienst mitgestalten, gewinnt er auch entsprechend an Farbe.

Liturgische Arbeitskreise können spezielle Feiern der Kirche, z.B. Eucharistiefeiern im Kirchenjahr, Tauffeiern, Traufeiern, Bußgottesdienste, Kleinkindergottesdienste, ökomenische Gottesdienste u.a. intensiv ausgestalten und ihnen Ausdruck verleihen. Die Gläubigen der Gemeinde würden zu vermehrter innerer Anteilnahme angeregt.

Das Leben, Wirken und Leiden der Gemeinde sollte in Texten der Liturgie zur Sprache kommen. (vgl. 1 Kor. 11, 17-34) Der Liturgische Arbeitskreis könnte hierzu die Texte des Gottesdienstes von Begrüßung, Kyrie, Fürbitten, Besinnungstext nach der Kommunion bis zu den Tagesgebeten zentral auf ein Thema ausrichten und die Lieder ebenfalls darauf abstimmen. Beispiele für Gottesdienstthemen sind: das Leid in der Gemeinde, das Wirken in Ehe, Freizeit und Beruf und schließlich die Ermutigung zu diakonischem Wirken in der Gemeinde. (23) So wird gemeindliches Gebet zur Verschmelzung von Glaube und christlichem Handeln.

4. Ausblick: Zukunftshoffnung neuzeitlicher Gemeinden in der Orientierung am Gemeindebild der paulinischen Idealgemeinde

Die Eucharistie behält ihre Einmaligkeit, wenn sie parallel von anderen spirituellen Angeboten umrahmt und gestützt wird. So können z.b. Laien selbständig Frühschichten, Andachten, Kreuzwege, Meditationen, Hausgottesdienste, Nachtgebete, Stundengebete oder eine Grabwache in der Karwoche gestalten und leiten. (24)

Die geistige Ausrichtung der Gemeinde gewinnt in der heutigen suchenden Welt zunehmend an Attraktivität: Alles christliche Wirken in Verkündigung, Diakonie und Gemeinschaft verliert seinen Sinn, wenn es das Gebet an Christus als Haupt der Gemeinde aus den Augen verliert. (vgl. Eph. 1, 22) Er ist der Grund allen Engagements, allen Glaubens und aller Liebe. (vgl. 1 Kor. 12, 27; 13, 1-13)

Alles christliche Wirken der Gemeinde sollte aus Glaube, aus Liebe und aus tiefstem inneren Angerührtsein geschehen. (25) Das ab Kapitel 3.2 beschriebene Gemeindebild erfüllt diesen paulinischen Wunsch und kann insofern als **Idealbild einer christlichen Urgemeinde** bezeichnet werden.

Mag das **Idealbild** einer christlichen Gemeinde damals und heute auch - wie in Kapitel 3.1 erläutert - unerreichbar sein, so bleibt es doch Ansporn und Ziel jeder neuzeitlichen Gemeinde. Nicht umsonst hat der Begriff "Urgemeinde" im Sinne des paulinischen Gemeindebegriffes seine Anziehungskraft über 2 Jahrtausende nicht verloren.

Anhang

Abkürzungsverzeichnis

a.a.O.	an angeführtem Orte
d.h.	das heißt
Eph.	Epheser
f.	folgende
ff.	mehrere folgende
Gal.	Galater
Kol.	Kolosser
Kor.	Korinther
LBA	Lehrbrief Aufbaukurs von "Theologie im Fernkurs"
LBG	Lehrbrief Grundkurs von "Theologie im Fernkurs"
n. Chr	nach Christus
S.	Seite
u.a.	und anderes
Vat.	Vatikanisches
vgl.	vergleiche
z.B.	zum Beispiel

Endnoten

(1) vgl. Diözesanpastoral im Erzbistum Köln, Anstöße zum Pastoralgespräch im Erzbistum Köln, Neusser Druckerei und Verlag GmbH, Köln 1993, LBG 1, S. 28, LBA 20, S. 9ff.

(2) vgl. LBA 19, S. 11 ff., als alternative Gemeindebegriffe sind auch denkbar: die Personalgemeinde (z.B. Krankenhaus-/Studentengemeinde u.a.), die Gottesdienstgemeinde (durch gemeinsame Teilnahme am Gottesdienst) oder die Basisgemeinde (gemeinsam handelnde christliche Gemeinde)

(3) zu Kapitel 3.12 vgl. Diözesanpastoral im Erzbistum Köln, a.a.O., S. 102, LBG 3, S. 20, LBA 8, S. 37 ff., LBA 19, S. 36 ff., LBA 22, S. 11, 16, LBA 23, S. 26 ff.

(4) vgl. August Heribert, Was keiner wagt, das sollt ihr wagen, Verlag Herder, Freiburg, 2. Auflage 1989, S. 26 f., S. 56 ff., August gibt wertvolle Anregungen für gemeindliche Schuldbekenntnisse im Rahmen von Frühschichten, Kreuzwegen und Nachtwachen in der Karwoche; vgl. auch Diözesanpastoralrat im Erzbistum Köln, a.a.O, S. 102 ff., LBA 18, S. 43 ff., 56 ff.

(5) Die weltumspannende Verbundenheit der Gemeinde und ihrer Glieder zu der einen Kirche Gottes wird auch durch die Spendensammlung des Paulus für das damalige kirchliche Zentrum Jerusalem deutlich, vgl. 1. Kor. 10, 1-4, 2. Kor. 9, 5 ff.

(6) zu Kapitel 3.212 vgl. LBA 19, S. 25 ff., 33 ff., LBA 24, S. 39 f.

(7) Am Beispiel der ekstatischen Zungenrede verdeutlicht Paulus z.b., dass sich Verkündigung in ihren Inhalten und ihrer Verständlichkeit an der Botschaft Jesu messen lassen muss (vgl. 1 Kor. 14, 1-38, LBG 5, S. 26)

(8) zu Kapitel 3.221 vgl. LBG 10, S. 39, LBG 16, S. 30 ff., LBG 20, S. 20, 29, LBG 21, S. 37

(9) Besonders an der gleichberechtigten Teilnahme am Herrenmahl Christi erweist sich, ob die verschiedenen Gläubigen gleichberechtigte Glieder der Gemeinde sind, vgl. 1 Kor. 11, 17-34

(10) Zu den unterschiedlichen Gnadengaben vgl. Kapitel 3.223 ff.

(11) Zu Kapitel 3.222 vgl. LBG 17, S. 52, LBG 21, S. 22 ff., LBA 19, S. 43 f., LBA 21, S. 26 ff.

(12) vgl. Diözesanpastoralrat im Erzbistum Köln, a.a.O., S. 38: Sollte es sich im Einzelfall um eine Gruppe benachteiligter Menschen handeln (z.b. Arbeitslose, Behinderte, können auch die Basisgemeinden nach dem Vorbild der Befreiungstheologie eine Orientierung geben, vgl. auch IDZ: Internationales Diakonatszentrum zum Studium und zur Förderung des Diakonats, Diakonia: Der Diakon und Modelle der Diakonie, XXVIII. Jahrgang, Heft 1/2, Juni 1993, S. 51, LBA 8, S. 37 ff., LBA 13, S. 16 f.

(13) Zu Kapitel 3.223 vgl. LBG 7, S. 17, 21, LBG 14, S. 21 ff., LBG 16, S. 68 ff., LBG 18, S. 33 ff., LBA 16, S. 10, 34, LBA 20, S. 21, 41 ff., LBA 24, S. 38 ff.)

(14) vgl. Bornkamp, Günther, Jesus von Nazareth, Verlag W. Kohlhammer, Stuttgart, Berlin, Köln, Mainz, 14. Auflage 1988, S. 159 f., Rahner Karl, Die siebenfältige Gabe, Verlag Ars sacra, München 1974, S. 27, 1 Kor. 2, 1-2; 15, 1-22

(15) vgl. Körner Johannes, Lucy Körner Verlag, Stuttgart, 20 Auflage 1984, S. 100 ff., Rahner Karl, Glaubst Du an Gott?, Verlag Ars sacra, München 1967, S. 6 f.

(16) Zu Kapitel 3.224 vgl. Diözesanpastoralrat im Erzbistum Köln, a.a.O , S. 46 ff., 56, 74, IDZ, a.a.O., S. 48 f., LBG 16, S. 33 f., LBG 18, S. 37, LBG 21, S. 21 ff., LBA 19, S. 12 ff., 25 ff., 43 f., 57, LBA 21, S. 5 ff., Rahner Karl/Vorgimmler Herbert, Kleines Konzilskompendium, Verlag Herder, Freiburg, Basel, Wien, 2. Auflage 1969, S. 391 f., Das 2. Vat. Konzil betont besonders das Laienapostulat, d.h. das verkündigende Wirken der Laien "inmitten der Welt".

(17) vgl. IDZ, a.a.O., S. 48 f., Rahner/Vorgimmler, a.a.O., S. 106

(18) Diözesanpastoralrat im Erzbistum Köln, a.a.O., S. 46

(19) IDZ, a.a.O, S. 44

(20) Zu Kapitel 3.231 vgl. LBG 16, S. 33 f.

(21) Zu Kapitel 3.232 vgl. Diözesanpastoralrat im Erzbistum Köln, a.a.O., S. 98, 108 ff., IDZ, a.a.O., S. 43 f., LBG 19, S. 50 f., LBA 17, S. 41 ff.

(22) Hierbei sind diese Sakramente zentral auf Christus als Gekreuzigter und Auferstandener ausgerichtet, vgl. Rahner, Die siebenfältige Gabe, a.a.O., S. 27, 71 f., 153 f., 166

(23) Ein Diakon im Zivilberuf wird hierzu in der Predigt wertvolle Gedanken einbringen können.

(24) vgl. August, a.a.O., S. 26 f., 52 ff., De Mello Anthony, Meditieren mit Leib und Seele, Verlag Butzer & Becker, Kevelaer, 5. Auflage 1991, S. 47 ff., 61 ff., Pater Anthony de Mello gibt dem Gläubigen Hilfestellung, wie Gott durch Meditation in der Natur, durch persönliche Wahrnehmung oder durch Phantasie unmittelbar erfahren werden kann. Zum Einstieg in einer kleinen Gruppe sind die Übungen 6, 7 und 10 zu empfehlen.

(25) vgl. Diözesanpastoralrat im Erzbistum Köln, a.a.O., S. 78, 1 Kor. 13, 1-13)

Literaturverzeichnis

August Heribert, Was keiner wagt, das sollt ihr wagen, Verlag Herder, Freiburg, 2. Auflage 1989

Bornkamp, Günther, Jesus von Nazareth, Verlag W. Kohlhammer, Stuttgart, Berlin, Köln, Mainz, 14. Auflage 1988

De Mello Anthony Meditieren mit Leib und Seele, Verlag Butzer & Becker, Kevelaer, 5. Auflage 1991

Diözesanpastoralrat im Erzbistum Köln, Anstöße zum Pastoralgespräch im Erzbistum Köln, Neusser Druckerei und Verlag GmbH, Köln 1993

Internationales Diakonatszentrum zum Studium und zur Förderung des Diakonats, Diakonia: Der Diakon und Modelle der Diakonie, XXVIII. Jahrgang, Heft 1/2, Juni 1993

Körner Johannes, Lucy Körner Verlag, Stuttgart, 20 Auflage 1984

Rahner Karl, Die siebenfältige Gabe, Verlag Ars sacra, München 1974

Rahner Karl, Glaubst Du an Gott?, Verlag Ars sacra, München 1967

Rahner Karl/Vorgimmler Herbert, Kleines Konzilskompendium, Verlag Herder, Freiburg, Basel, Wien, 2. Auflage 1969

Verwendete Lehrbriefe aus "Theologie im Fernkurs"

Grundkurs-Lehrbriefe: 1, 3, 5, 6, 7, 10, 12, 14, 16, 17, 18, 19, 20, 21

Aufbaukurs-Lehrbriefe: 8, 12, 13, 16, 17, 18, 19, 20, 21, 22, 23, 24

BEI GRIN MACHT SICH IHR WISSEN BEZAHLT

- Wir veröffentlichen Ihre Hausarbeit,
  Bachelor- und Masterarbeit

- Ihr eigenes eBook und Buch -
  weltweit in allen wichtigen Shops

- Verdienen Sie an jedem Verkauf

Jetzt bei www.GRIN.com hochladen
und kostenlos publizieren